Impressum
Verlag: BABADADA GmbH, Nedderfeld 112 , 22529 Hamburg
Geschäftsführer / Verlagsleitung: Harald Hof
Druck: Books on Demand GmbH, In de Tarpen 42, 22848 Norderstedt

Imprint
Publisher: BABADADA GmbH, Nedderfeld 112 , 22529 Hamburg, Germany
Managing Director / Publishing direction: Harald Hof
Print: Books on Demand GmbH, In de Tarpen 42, 22848 Norderstedt

skola
l'école

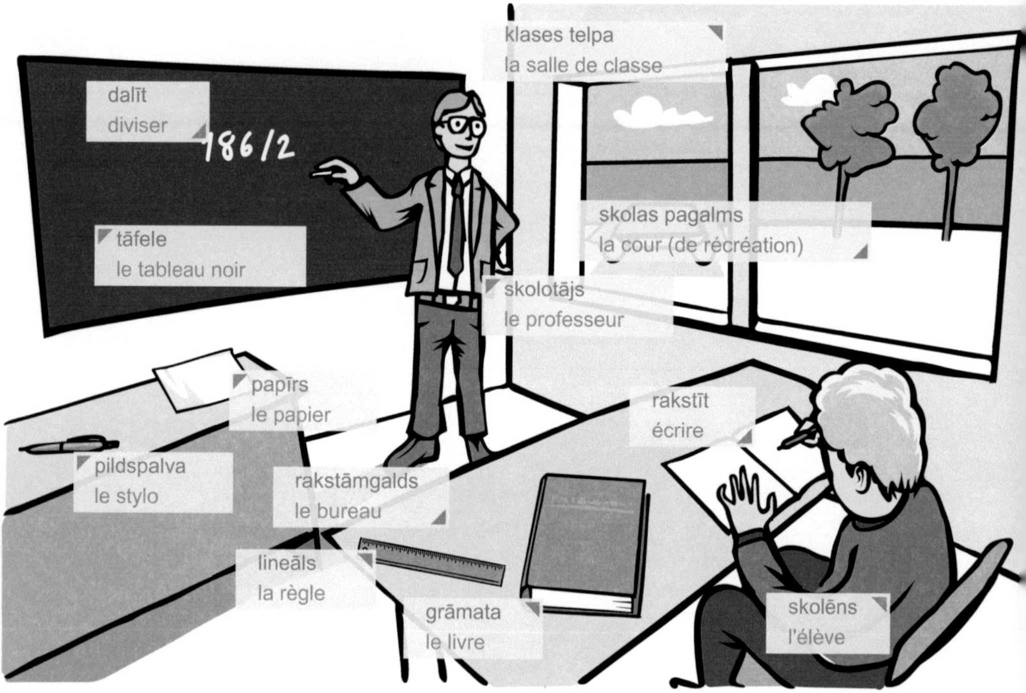
klases telpa
la salle de classe
dalīt
diviser
186/2
tāfele
le tableau noir
skolas pagalms
la cour (de récréation)
skolotājs
le professeur
papīrs
le papier
rakstīt
écrire
pildspalva
le stylo
rakstāmgalds
le bureau
lineāls
la règle
grāmata
le livre
skolēns
l'élève

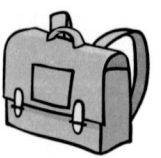

skolas soma
le cartable

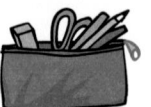

penālis
la trousse

zīmulis
le crayon

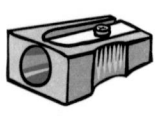

zīmuļu asināmais
le taille-crayon

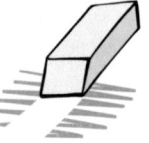

dzēšgumija
la gomme

zīmēšanas bloks
le carnet à dessin

zīmējums

le dessin

ota

le pinceau

krāsas

la boîte de peinture

šķēres

les ciseaux

līme

la colle

darba burtnīca

le cahier d'exercices

mājas darbs

les devoirs

12

skaitlis

le chiffre

2+2

saskaitīt

additionner

5-2

atņemt

soustraire

2×2

reizināt

multiplier

rēķināt

calculer

A

burts

la lettre

ABCDEFG
HIJKLMN
OPQRSTU
VWXYZ

alfabēts

l'alphabet

hello

vārds

le mot

teksts

le texte

lasīt

lire

krīts

la craie

mācību stunda

la leçon

žurnāls

le livre de classe

eksāmens

l'examen

liecība

le certificat

skolas forma

l'uniforme scolaire

izglītība

la formation

enciklopēdija

le lexique

universitāte

l'université

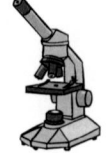

mikroskops

le microscope

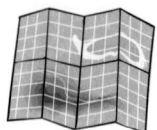

karte

la carte

papīrgrozs

la corbeille à papier

ceļojums
le voyage

viesnīca
l'hôtel
Grand
hostelis
l'auberge
ROOMS
EXCHANGE
valūtas maiņas punkts
le bureau de change
čemodāns
la valise
automašīna
la voiture

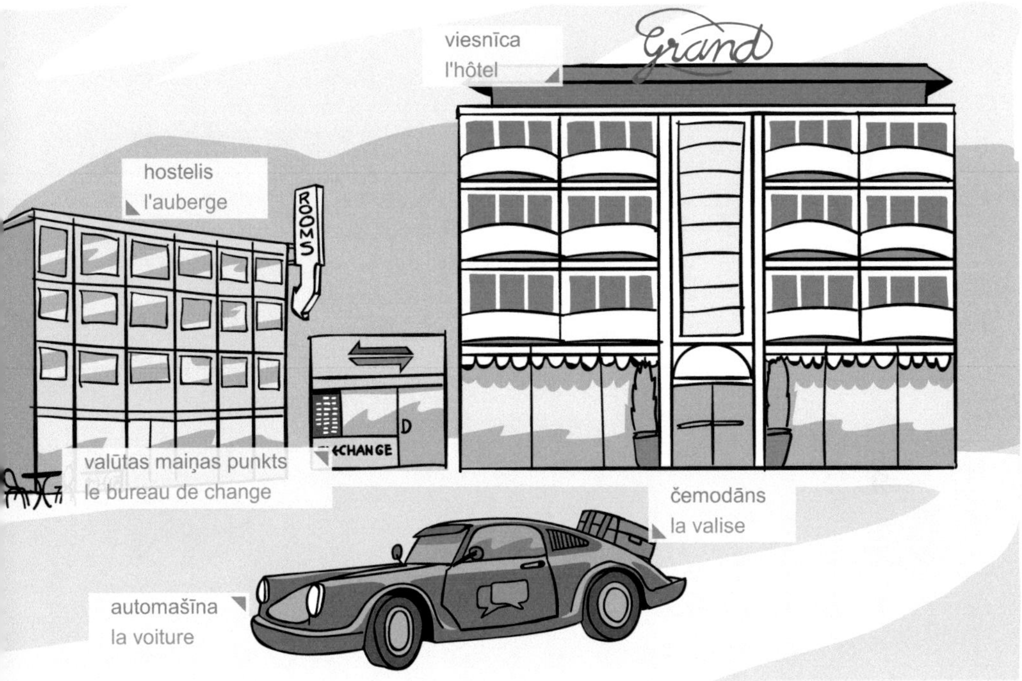

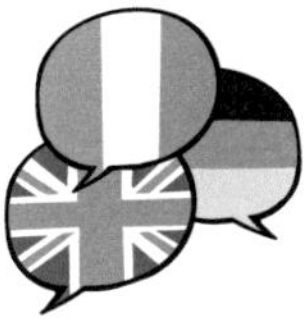

Valoda

la langue

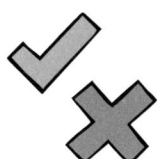

jā / nē

oui / non

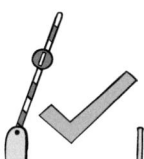

Okay

d'accord

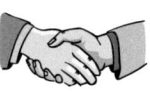

Sveiki!

Salut

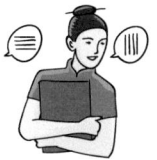

tulks

l'interprète

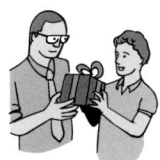

paldies

merci

Cik maksā...?

Combien coûte...?

Es nesaprotu

Je ne comprends pas

problēma

le problème

Labvakar!

Bonsoir !

Labrīt!

Bonjour !

Ar labu nakti!

Bonne nuit !

Uz redzēšanos

Au revoir

virziens

la direction

bagāža

les bagages

soma

le sac

mugursoma

le sac-à-dos

viesis

l'hôte

istaba

la pièce

guļammaiss

le sac de couchage

telts

la tente

tūrisma informācija

l'office de tourisme

pludmale

la plage

kredītkarte

la carte de crédit

brokastis

le petit-déjeuner

pusdienas

le déjeuner

vakariņas

le dîner

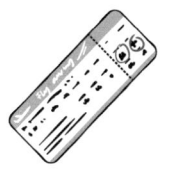

biļete

le billet

lifts

l'ascenseur

pastmarka

le timbre

robeža

la frontière

muita

la douane

vēstniecība

l'ambassade

vīza

le visa

pase

le passeport

transports

le transport

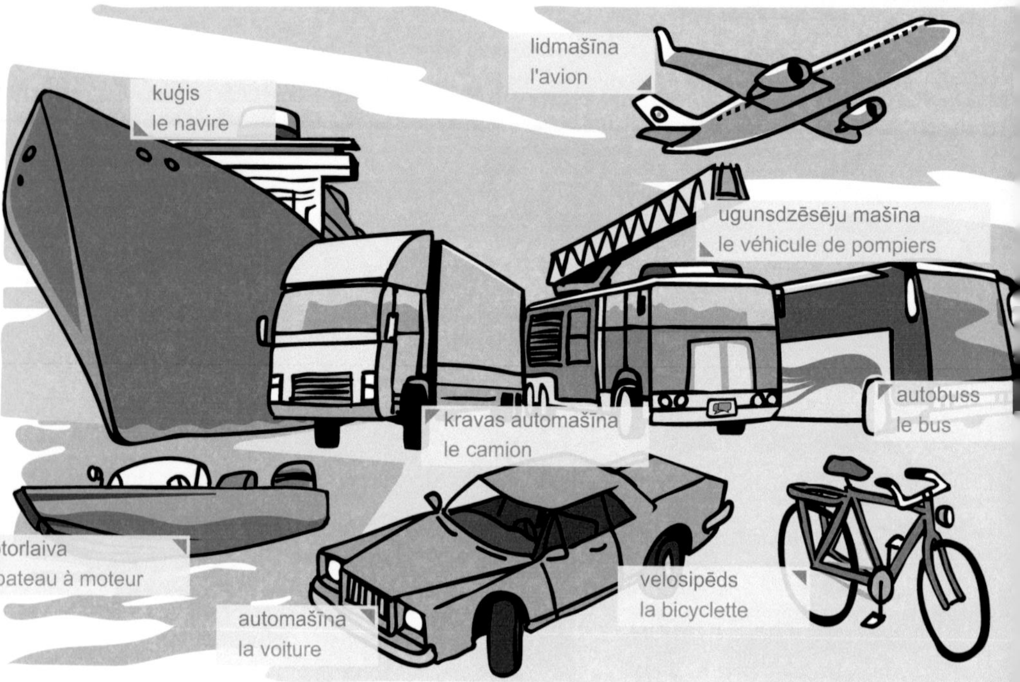
lidmašīna
l'avion
kuģis
le navire
ugunsdzēsēju mašīna
le véhicule de pompiers
autobuss
le bus
kravas automašīna
le camion
notorlaiva
e bateau à moteur
velosipēds
la bicyclette
automašīna
la voiture

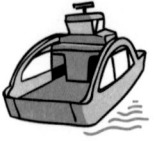

prāmis

le ferry

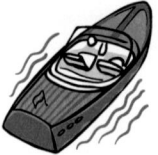

laiva

la barque

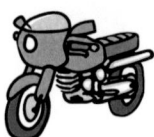

motocikls

la moto

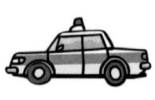

policijas automašīna

la voiture de police

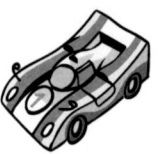

sacīkšu automobilis

la voiture de course

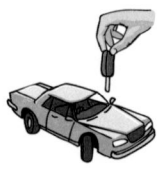

nomas auto

la voiture de location

auto koplietošana

l'auto-partage

evakuators

la voiture de remorquage

atkritumu mašīna

la benne à ordures

dzinējs

le moteur

benzīns

l'essence

degvielas uzpildes stacija

la station d'essence

ceļa zīme

le panneau indicateur

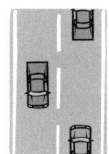

satiksme

le trafic

sastrēgums

l'embouteillage

stāvvieta

le parking

dzelzceļa stacija

la gare

sliedes

les rails

vilciens

le train

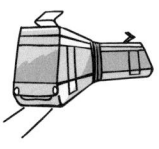

tramvajs

le tramway

vagons

le wagon

helikopters

l'hélicoptère

lidosta

l'aéroport

tornis

la tour

pasažieris

le passager

konteiners

le conteneur

kaste

le carton

ratiņi

le chariot

grozs

la corbeille

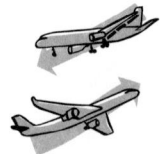

pacelties / nosēsties

décoller / atterrir

pilsēta
la ville

ciems

le village

pilsētas centrs

le centre-ville

māja

la maison

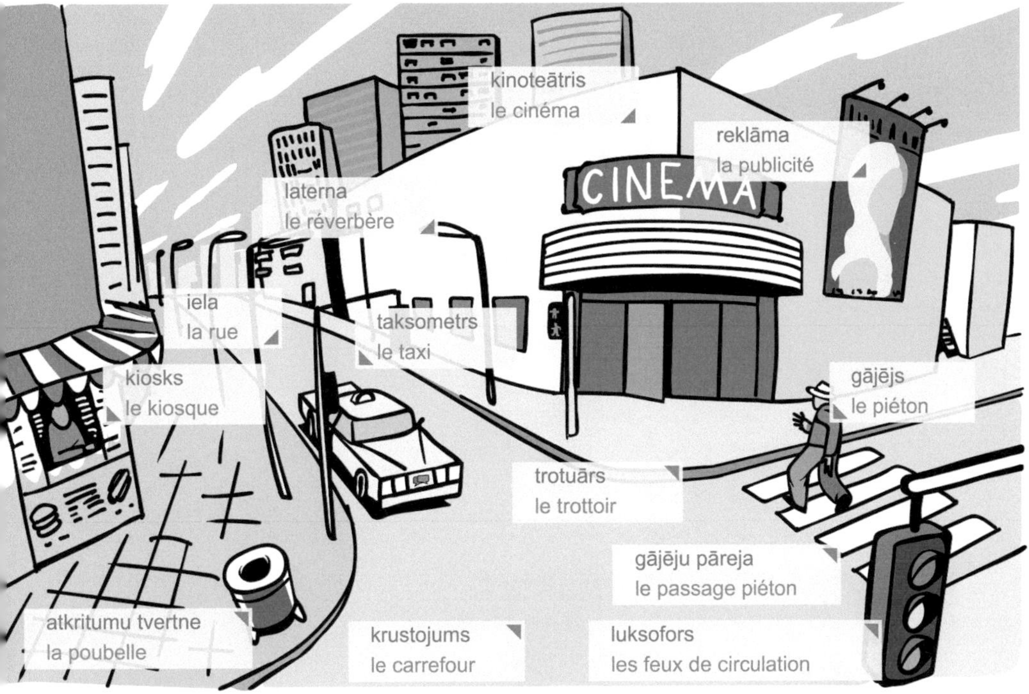

kinoteātris
le cinéma

reklāma
la publicité

laterna
le réverbère

iela
la rue

taksometrs
le taxi

kiosks
le kiosque

gājējs
le piéton

trotuārs
le trottoir

gājēju pāreja
le passage piéton

atkritumu tvertne
la poubelle

krustojums
le carrefour

luksofors
les feux de circulation

būda
la cabane

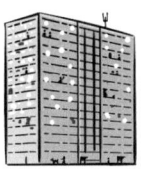

dzīvoklis
l'appartement

dzelzceļa stacija
la gare

rātsnams
la mairie

muzejs
le musée

skola
l'école

universitāte

l'université

banka

la banque

slimnīca

l'hôpital

viesnīca

l'hôtel

aptieka

la pharmacie

birojs

le bureau

grāmatnīca

la librairie

veikals

le magasin

ziedu veikals

le fleuriste

lielveikals

le supermarché

tirgus

le marché

tirdzniecības centrs

le grand magasin

zivju tirgotājs

la poissonnerie

tirdzniecības centrs

le centre commercial

osta

le port

parks

le parc

sols

la banque

tilts

le pont

kāpnes

les escaliers

metro

le métro

tunelis

le tunnel

autobusa pieturvieta

l'arrêt de bus

bārs

le bar

restorāns

le restaurant

pastkastīte

la boîte à lettres

ielas nosaukuma plāksne

le panneau indicateur

stāvlaika skaitītājs

le parcmètre

zooloģiskais dārzs

le zoo

peldbaseins

le réverbère

mošeja

la mosquée

zemnieku saimniecība
la ferme

vides piesārņojums
la pollution

kapsēta
la cimetière

baznīca
l'église

spēļu laukums
l'aire de jeux

templis
le temple

ainava
le paysage

lapa
la feuille

ceļrādis
le panneau indicateur

ceļš
le chemin

pļava
le pré

akmens
la pierre

koks
l'arbre

ceļotājs
le randonneur

upe
la rivière

zāle
l'herbe

puķe
la fleur

ieleja

la vallée

kalns

la montagne

ezers

le lac

mežs

la forêt

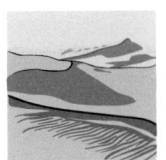

tuksnesis

le désert

vulkāns

le volcan

pils

le château

varavīksne

l'arc-en-ciel

sēne

le champignon

palma

le palmier

moskīts

le moustique

muša

la mouche

skudra

les fourmis

bite

l'abeille

zirneklis

l'araignée

vabole

le coléoptère

varde

la grenouille

vāvere

l'écureuil

ezis

le hérisson

zaķis

le lièvre

pūce

la chouette

putns

l'oiseau

gulbis

le cygne

meža cūka

le sanglier

briedis

le cerf

alnis

l'élan

aizsprosts

le barrage

vēja ģenerators

l'éolienne

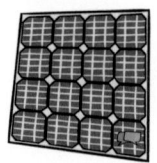

saules baterija

le panneau solaire

klimats

le climat

restorāns
le restaurant

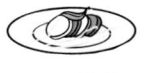

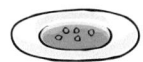

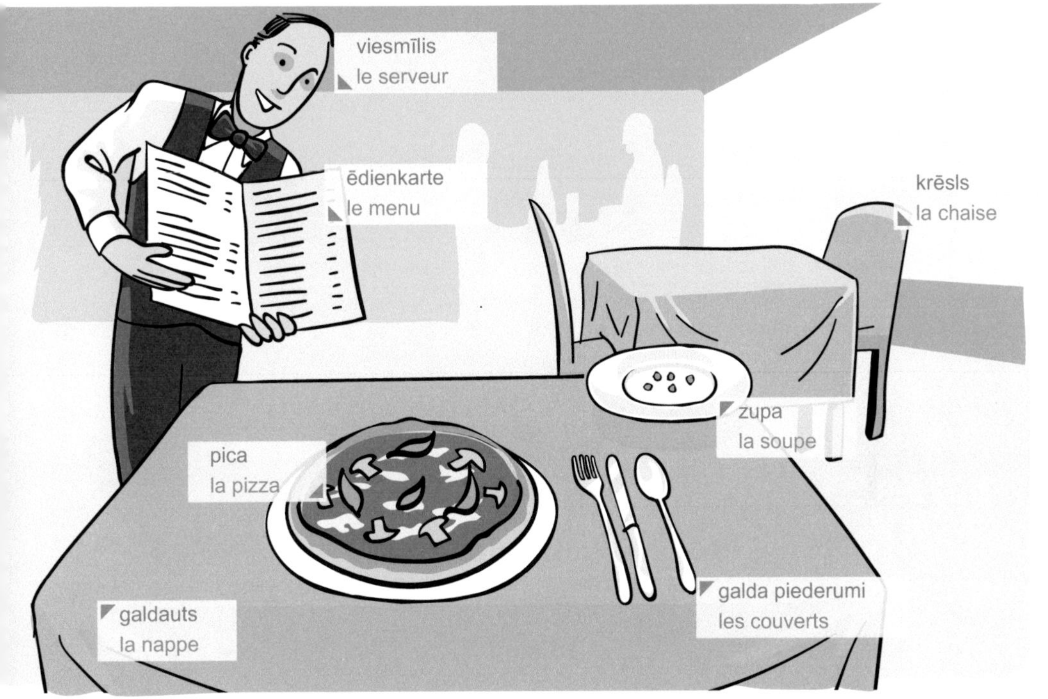
viesmīlis
le serveur
ēdienkarte
le menu
krēsls
la chaise
zupa
la soupe
pica
la pizza
galda piederumi
les couverts
galdauts
la nappe

uzkoda

les hors d'œuvre

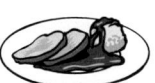

pamatēdiens

le plat principal

deserts

le dessert

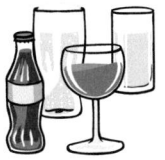

dzērieni

les boissons

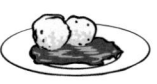

ēdiens

l'alimentation

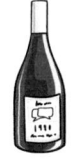

pudele

la bouteille

ātrās uzkodas

le fast-food

ielu uzkodas

les plats à emporter

tējkanna

la théière

cukurtrauks

le sucrier

porcija

la portion

espresso kafijas automāts

la machine à expresso

bāra krēsls

la chaise haute

rēķins

la facture

paplāte

le plateau

nazis

le couteau

dakša

la fourchette

karote

la cuillère

tējkarote

la cuillère à thé

salvete

la serviette

glāze

le verre

šķīvis

l'assiette

zupas šķīvis

l'assiette à soupe

apakštase

la soucoupe

mērce

la sauce

sāls trauciņš

la salière

piparu dzirnaviņas

le moulin à poivre

etiķis

le vinaigre

eļļa

l'huile

garšvielas

les épices

kečups

le ketchup

sinepes

la moutarde

majonēze

la mayonnaise

lielveikals

le supermarché

piedāvājums
l'offre promotionnelle
FOR
klients
le client
piena produkti
les produits laitiers
augļi
les fruits
iepirkumu ratiņi
le chariot

BUTCHERS

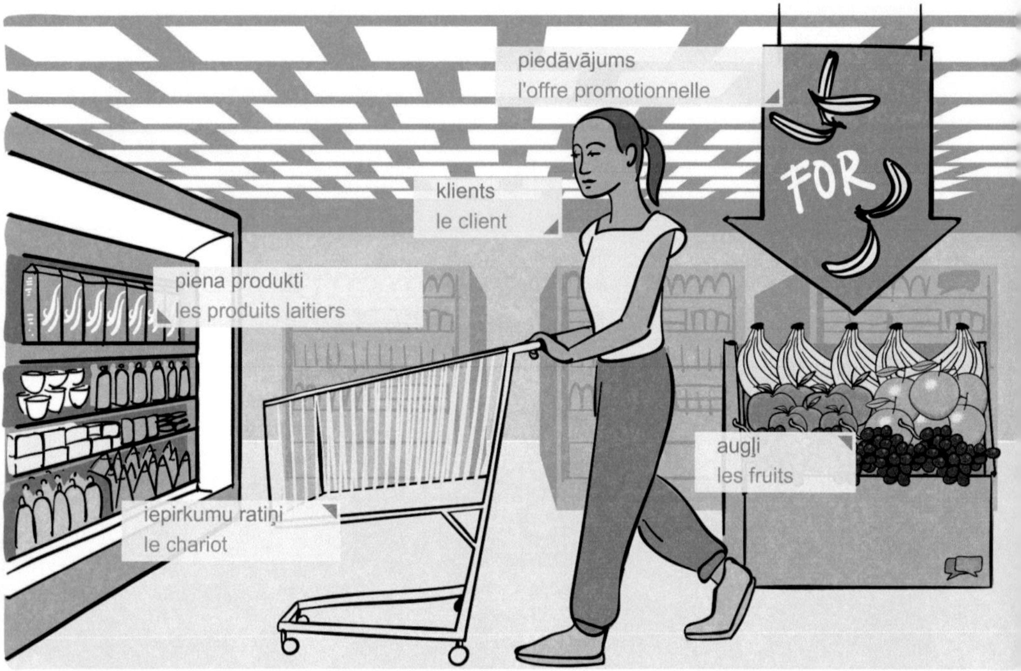

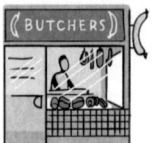

kautuve

la boucherie

BAKERY

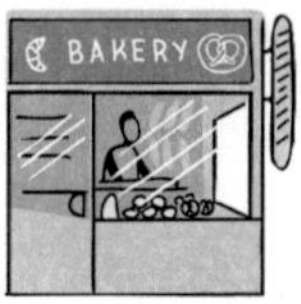

maizes veikals

la boulangerie

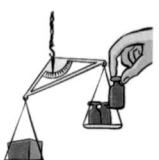

svērt

peser

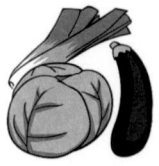

dārzeņi

les légumes

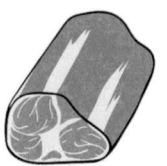

gaļa

la viande

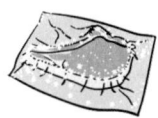

saldēti produkti

les aliments surgelés

aukstās gaļas uzkodas

la charcuterie

konservi

les conserves

pulveris

la poudre à lessive

saldumi

les bonbons

mājsaimniecības preces

les articles ménagers

tīrīšanas līdzeklis

les détergents

pārdevēja

la vendeuse

kase

la caisse

kasieris

le caissier

iepirkumu saraksts

la liste d'achats

darba laiks

les heures d'ouverture

maks

le portefeuille

kredītkarte

la carte de crédit

soma

le sac

maisiņš

le sac en plastique

ūdens

l'eau

sula

le jus de fruit

piens

le lait

kola

le coca

vīns

le vin

alus

la bière

alkohols

l'alcool

kakao

le chocolat chaud

tēja

le thé

kafija

le café

espresso

l'expresso

kapučīno

le cappuccino

banāns

la banane

ābols

la pomme

apelsīns

l'orange

melone

le melon

citrons

le citron.

burkāns

la carotte

ķiploks

l'ail

bambuss

le bambou

sīpols

l'oignon

sēne

le champignon

rieksti

les noisettes

makaroni

les pâtes

spageti

les spaghetti

rīsi

le riz

salāti

la salade

frī kartupeļi

les pommes frites

cepti kartupeļi

les pommes de terre rôties

pica

la pizza

hamburgers

le hamburger

sviestmaize

le sandwich

šnicele

l'escalope

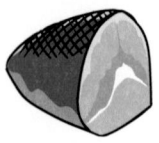

šķiņķis

le jambon

salami

le salami

desa

la saucisse

vista

le poulet

cepetis

le rôti

zivs

le poisson

ēdiens - l'alimentation

auzu pārslas

les flocons d'avoine

muslis

le muesli

brokastu pārslas

les cornflakes

milti

la farine

radziņš

le croissant

brokastu maizītes

les petits-pains

maize

le pain

tostermaize

le pain grillé

cepumi

les biscuits

sviests

le beurre

biezpiens

le fromage blanc

kūka

le gâteau

ola

l'œuf

cepta ola

l'œuf au plat

siers

le fromage

saldējums

la glace

cukurs

le sucre

medus

le miel

marmelāde

la confiture

riekstu krēms

la crème nougat

karijs

le curry

zemnieku saimniecība
la ferme

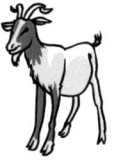

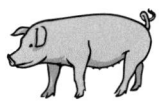

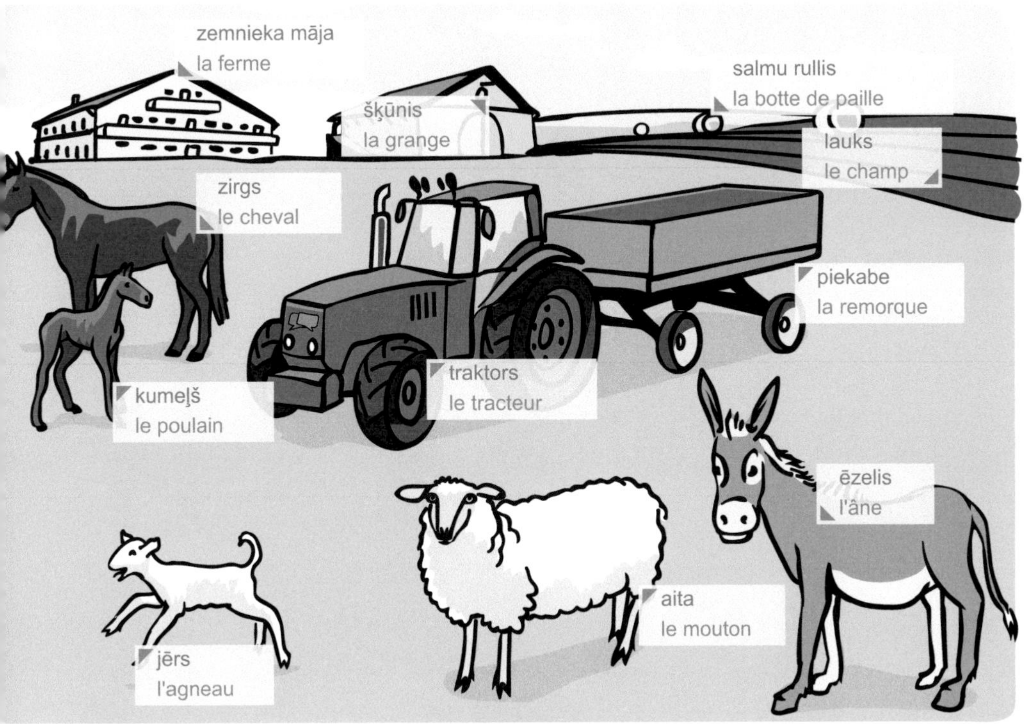

zemnieka māja
la ferme
salmu rullis
la botte de paille
šķūnis
la grange
lauks
le champ
zirgs
le cheval
piekabe
la remorque
traktors
le tracteur
kumeļš
le poulain
ēzelis
l'âne
aita
le mouton
jērs
l'agneau

kaza

la chèvre

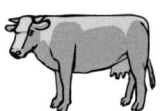

govs

la vache

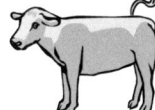

teļš

le veau

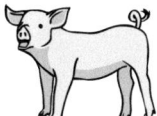

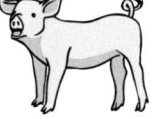

cūka

le porc

sivēns

le porcelet

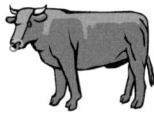

bullis

le taureau

zoss

l'oie

pīle

le canard

cālis

le poussin

vista

la poule

gailis

le coq

žurka

le rat

kaķis

le chat

pele

la souris

vērsis

le bœuf

suns

le chien

suņa būda

le chenil

dārza šļūtene

le tuyau de jardin

lejkanna

l'arrosoir

izkapts

la faucheuse

arkls

la charrue

sirpis

la faucille

kaplis

la pioche

mēslu dakša

la fourche

cirvis

la hache

ķerra

la brouette

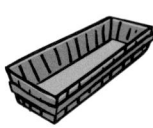

sile

la cuve

piena kanna

le pot à lait

maiss

le sac

žogs

la clôture

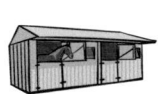

kūts

l'étable

siltumnīca

le serre

augsne

le sol

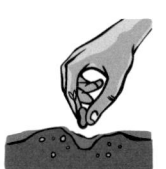

sēklas

les semences

mēslojums

l'engrais

kombains

la moissonneuse-batteuse

novākt ražu
récolter

raža
la récolte

jamss
l'igname

kvieši
le blé

soja
le soja

kartupelis
la pomme de terre

kukurūza
le maïs

rapsis
le colza

augļu koks
l'arbre fruitier

manioka
le manioc

labība
les céréales

māja

la maison

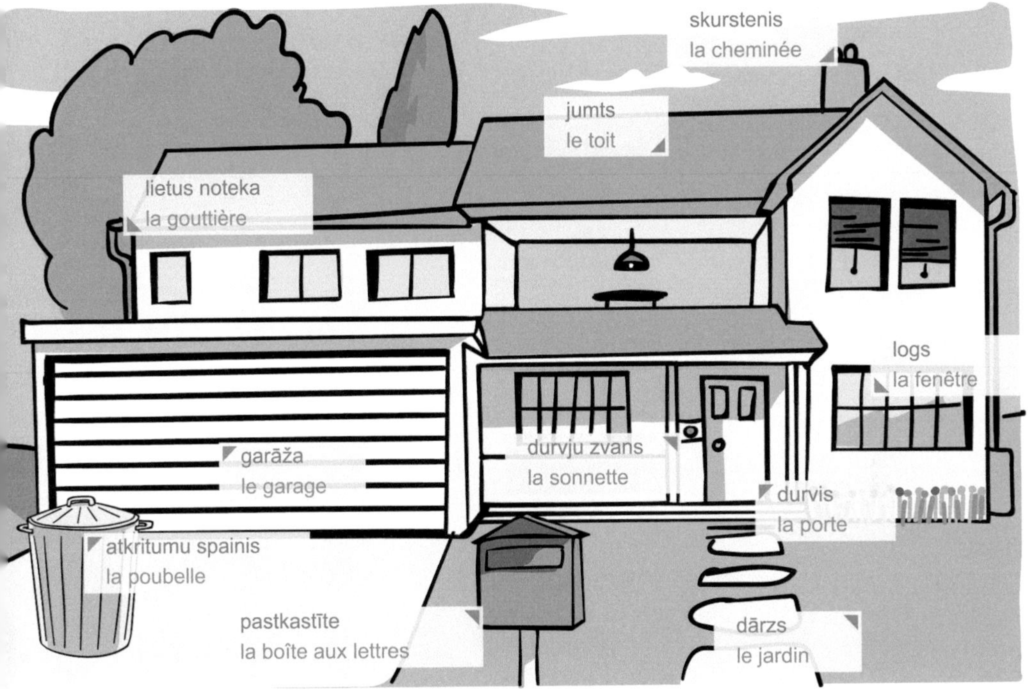

skurstenis
la cheminée
jumts
le toit
lietus noteka
la gouttière
logs
la fenêtre
garāža
le garage
durvju zvans
la sonnette
durvis
la porte
atkritumu spainis
la poubelle
pastkastīte
la boîte aux lettres
dārzs
le jardin

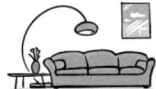

viesistaba

le salon

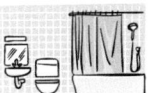

vannas istaba

la salle de bain

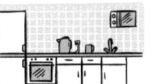

virtuve

la cuisine

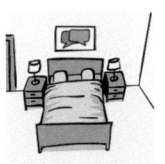

guļamistaba

la chambre à coucher

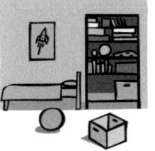

bērnu istaba

la chambre d'enfant

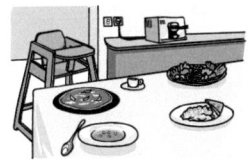

ēdamistaba

la salle à manger

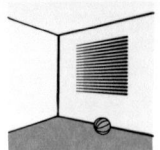

grīda

le sol

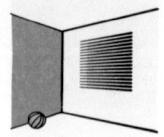

siena

le mur

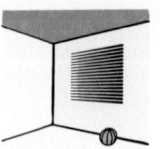

griesti

le plafond

pagrabs

la cave

sauna

le sauna

balkons

le balcon

terase

la terrasse

baseins

la piscine

zāles pļāvējs

la tondeuse à gazon

gultas veļa

la housse

sega

la couette

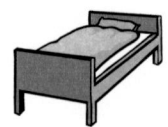

gulta

le lit

slota

le balai

spainis

le sceau

slēdzis

l'interrupteur

viesistaba
le salon

tapetes
le papier peint
attēls
l'image
lampa
la lampe
plaukts
l'étagère
skapis
l'armoire
televizors
la télé
kamīns
la cheminée
puķe
la fleur
spilvens
le coussin
dīvāns
le sofa
vāze
le vase
tālvadības pults
la télécommande

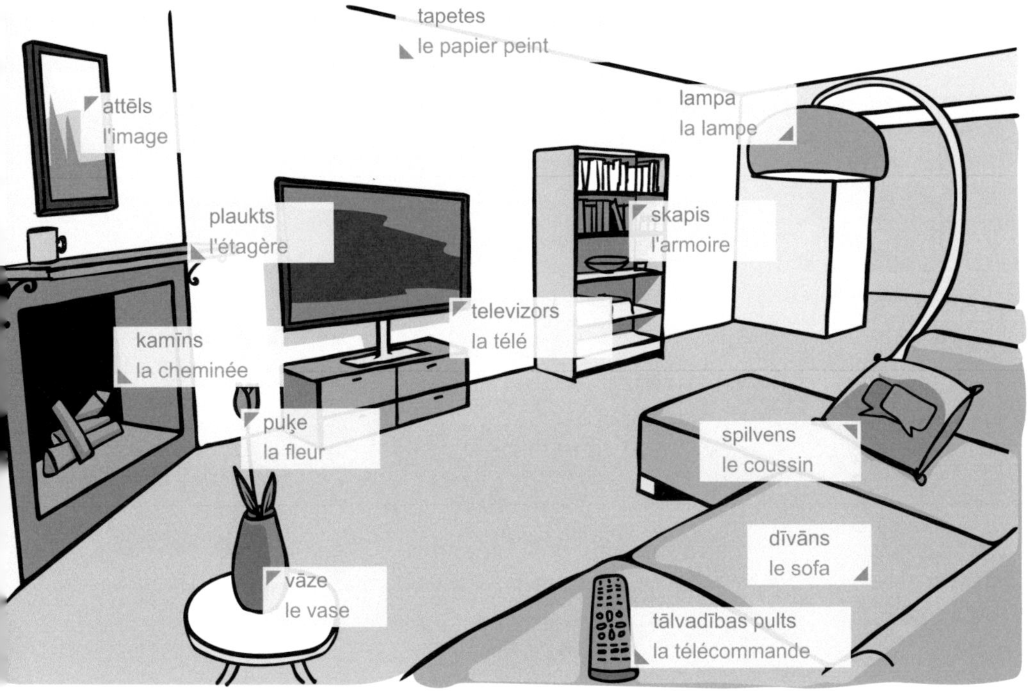

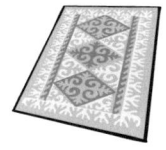

paklājs
le tapis

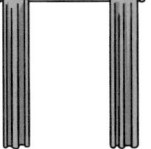

aizkars
le rideau

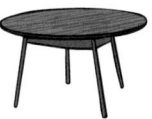

galds
la table

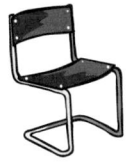

krēsls
la chaise

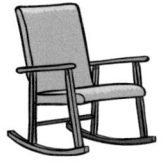

šūpuļkrēsls
la chaise à bascule

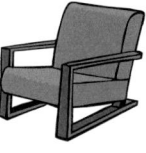

atpūtas krēsls
le fauteuil

grāmata

le livre

sega

la couverture

dekorācija

la décoration

malka

le bois de chauffage

filma

le film

mūzikas centrs

la chaîne hi-fi

atslēga

la clé

avīze

le journal

glezna

la peinture

plakāts

le poster

radio

la radio

pierakstu blociņš

le bloc-notes

putekļu sūcējs

l'aspirateur

kaktuss

le cactus

svece

la bougie

virtuve
la cuisine

ledusskapis
le réfrigérateur
mikroviļņu krāsns
le four à micro-ondes
virtuves svari
la balance de cuisine
tosteris
le grille-pain
tīrīšanas līdzekļi
le détergent
cepeškrāsns
le four
saldēšanas kamera
le compartiment congélateur
atkritumu spainis
la poubelle
trauku mazgājamā mašīna
le lave-vaisselle

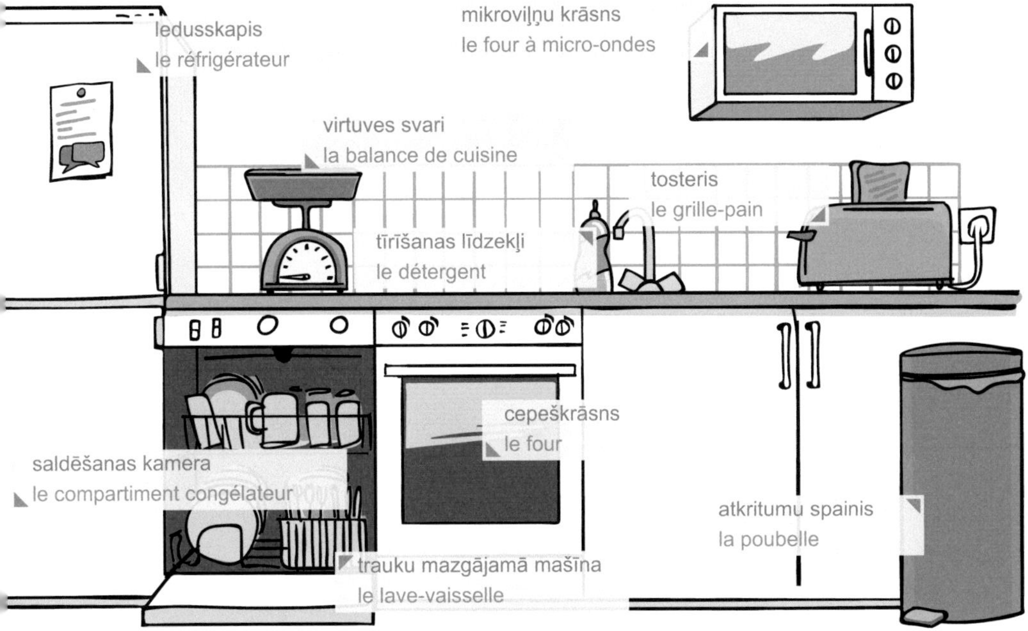

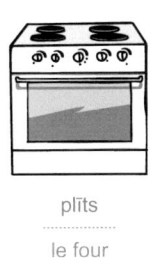

plīts

le four

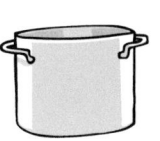

pods

la casserole

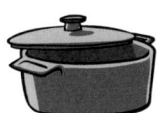

katls

la marmite

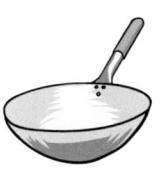

Wok panna

le wok / kadai

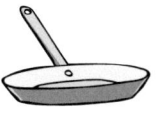

panna

la poêle

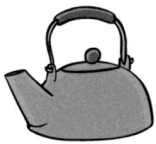

elektriskā tējkanna

la bouilloire electrique

tvaika katls

le cuiseur vapeur

cepešpanna

la plaque de cuisson

trauki

la vaisselle

krūze

le gobelet

bļoda

la coupe

irbulīši

les baguettes

kauss

la louche

lāpstiņa

la spatule

putošanas slotiņa

le fouet

sietiņš

la passoire

siets

le tamis

rīve

la râpe

piesta

le mortier

grilēt

le barbecue

atklāts pavards

la cheminée

dēlis

la planche à découper

mīklas rullis

le rouleau à pâtisserie

korķu vilķis

le tire-bouchon

bundža

la boîte

konservu nazis

l'ouvre-boîte

virtuves cimdi

les maniques

izlietne

le lavabo

birste

la brosse

sūklis

l'éponge

mikseris

le mixeur

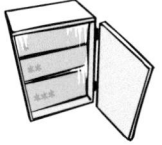

saldētava

le congélateur

bērna pudelīte

le biberon

ūdenskrāns

le robinet

vannas istaba

la salle de bain

apkure
le chauffage
duša
la douche
dvielis
la serviette
dušas aizkari
le rideau de douche
vannas putas
le bain moussant
vanna
la baignoire
glāze
le verre
veļas mašīna
la machine à laver
ūdenskrāns
le robinet
flīzes
le carrelage
podiņš
le pot
izlietne
le lavabo

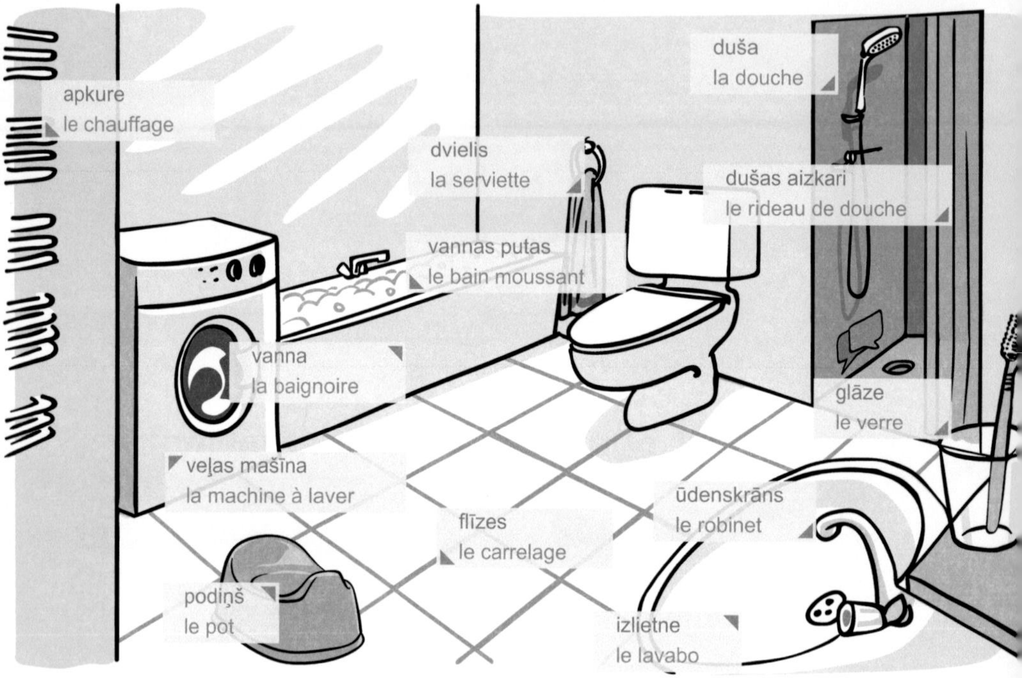

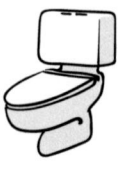

tualetes pods

les toilettes

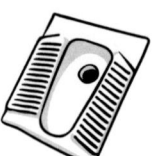

Āzijas tipa tualete

la toilette à la turque

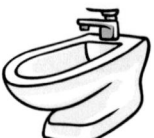

bidē

le bidet

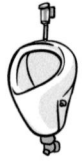

pisuārs

l'urinoir

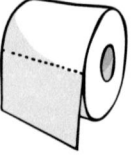

tualetes papīs

le papier toilette

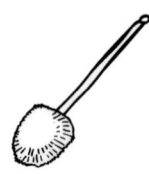

tualetes birste

la brosse à toilette

zobu birste

la brosse à dents

zobu pasta

le dentifrice

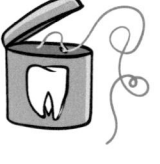

zobu diegs

le fil dentaire

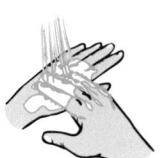

mazgāt

laver

rokas duša

la douche manuelle

duša

la douche intime

bļoda

la vasque

muguras mazgāšanas birste

la brosse dorsale

ziepes

le savon

dušas želeja

le gel douche

šampūns

le shampooing

mazgāšanas drāna

le gant de toilette

noteka

l'écoulement

krēms

la crème

dezodorants

le déodorant

spogulis

le miroir

spogulītis

le miroir cosmétique

skuveklis

le rasoir

skūšanās putas

la mousse à raser

losjons pēc skūšanās

l'après-rasage

ķemme

la peigne

matu suka

la brosse

matu fēns

le sèche-cheveux

matu laka

la laque pour cheveux

grima komplekts

le fond de teint

lūpu krāsa

le rouge à lèvres

nagulaka

le vernis à ongles

vate

l'ouate

šķērītes

le coupe-ongles

smaržas

le parfum

kosmētikas maks

la trousse de toilette

ķeblītis

le tabouret

svari

le pèse-personne

halāts

le peignoir

tīrīšanas cimdi

les gants de nettoyage

tampons

le tampon

pakete

les serviettes hygiéniques

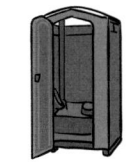

ķīmiskā tualete

la toilette chimique

bērnu istaba
la chambre d'enfant

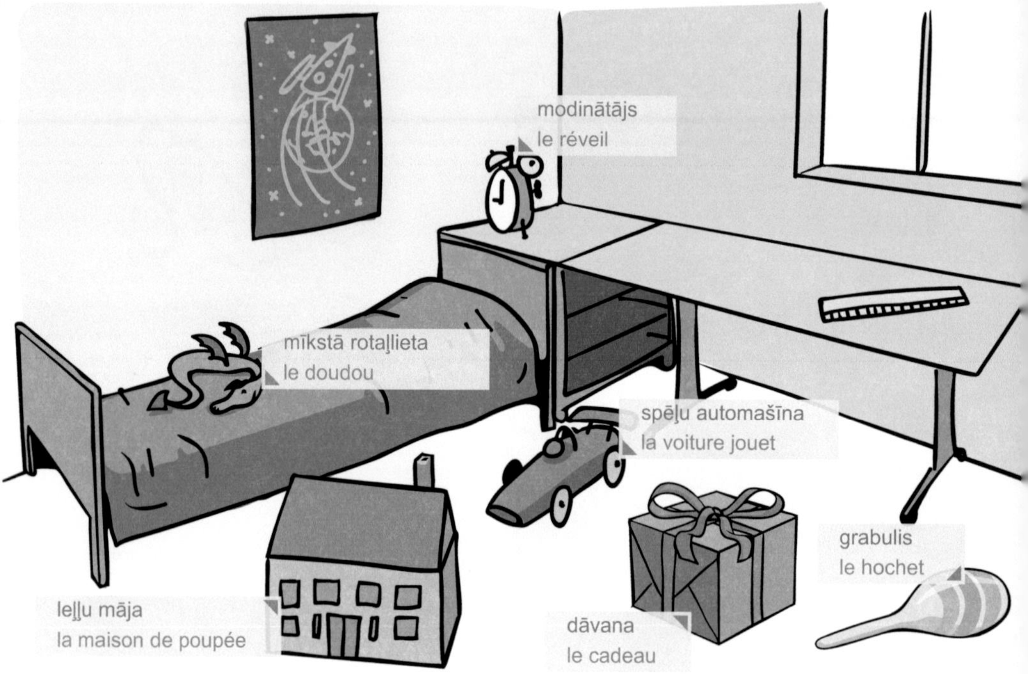
modinātājs
le réveil
mīkstā rotaļlieta
le doudou
spēļu automašīna
la voiture jouet
grabulis
le hochet
leļļu māja
la maison de poupée
dāvana
le cadeau

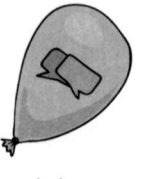

balons

le ballon

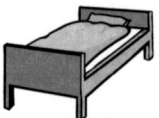

gulta

le lit

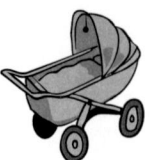

bērnu ratiņi

la poussette

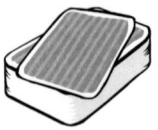

kārtis

le jeu de cartes

puzle

le puzzle

SUPER
MEGA

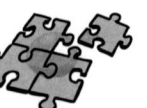

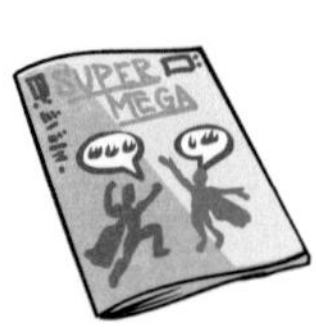

komikss

la bande dessinée

LEGO klucīši

les pièces lego

klucīši

les blocs de construction

varoņu figūra

la figurine

rāpulītis

la grenouillère

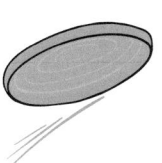

lidojošais šķīvītis

le frisbee

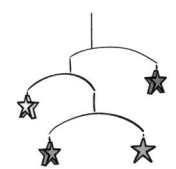

muzikālais karuselis

le mobile

galda spēle

le jeu de société

metamais kauliņš

le dé

rotaļu dzelzceļš

le train miniature

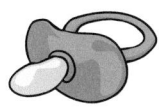

māneklis

la sucette

ballīte

la fête

bilžu grāmata

le livre d'images

bumba

la balle

lelle

la poupée

spēlēt

jouer

smilšu kaste

le bac à sable

šūpoles

la balançoire

rotaļlietas

les jouets

spēļu konsole

la console de jeu

trīsritenis

le tricycle

plīša lācītis

l'ours en peluche

drēbju skapis

l'armoire

apģērbs
les vêtements

īszeķes

les chaussettes

zeķes

les bas

zeķbikses

le collant

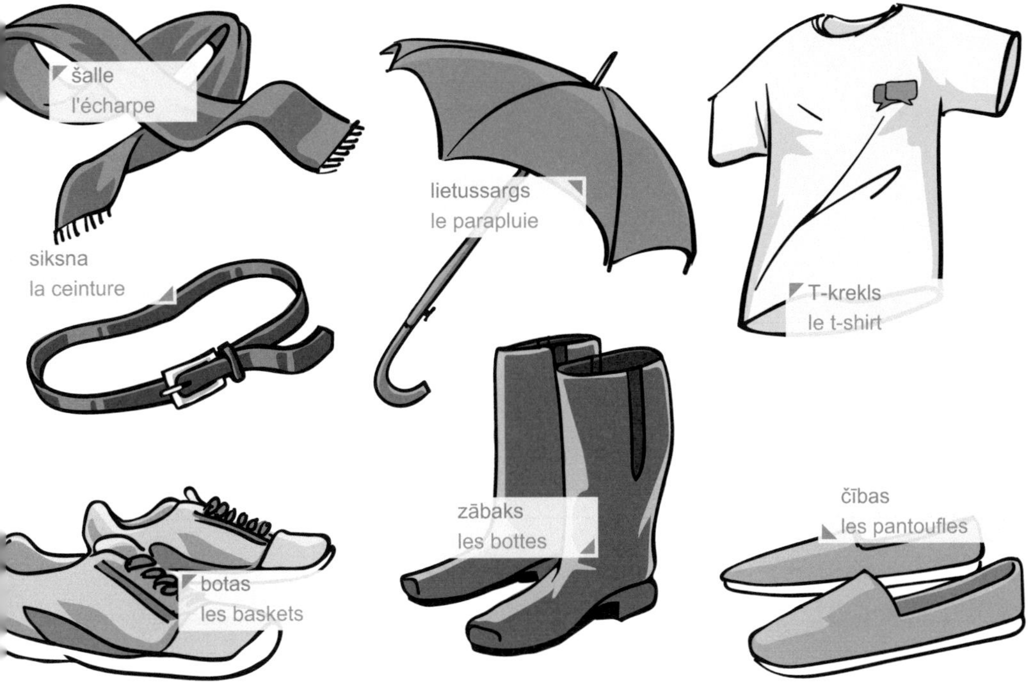

šalle
l'écharpe

siksna
la ceinture

lietussargs
le parapluie

T-krekls
le t-shirt

zābaks
les bottes

čības
les pantoufles

botas
les baskets

sandales
les sandales

kurpes
les chaussures

gumijas zābaki
les bottes de caoutchouc

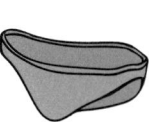

apakšbikses
les sous-vêtements

krūšturis
le soutien-gorge

apakškrekls
le maillot de corps

bodijs

le body

bikses

le pantalon

džinsi

le jean

svārki

la jupe

blūze

le chemisier

krekls

la chemise

pulovers

le pull

džemperis

le sweat à capuche

žakete

la veste

jaka

la veste

mētelis

le manteau

lietus mētelis

l'imperméable

kostīms

le costume

kleita

la robe

kāzu kleita

la robe de mariée

apģērbs - les vêtements

uzvalks

le costume

naktskrekls

la chemise de nuit

pidžama

le pyjama

sari

le sari

lakats

le foulard

turbāns

le turban

burka

la burqa

kaftāns

le caftan

abaja

l'abaya

peldkostīms

le maillot de bain

peldbikses

le maillot de bain

šorti

le short

treniņtērps

la tenue d'entraînement

priekšauts

le tablier

cimdi

les gants

apģērbs - les vêtements

poga

le bouton

brilles

les lunettes

rokassprādze

le bracelet

kaklarota

le collier

gredzens

la bague

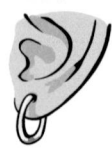

auskars

la boucle d'oreille

cepure

le bonnet

drēbju pakaramais

le cintre

platmale

le chapeau

kaklasaite

la cravate

rāvējslēdzējs

la fermeture éclair

ķivere

le casque

bikšturi

les bretelles

skolas forma

l'uniforme scolaire

uniforma

l'uniforme

priekšautiņš

le bavoir

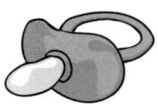

māneklis

la sucette

autiņbiksītes

la lange

birojs
le bureau

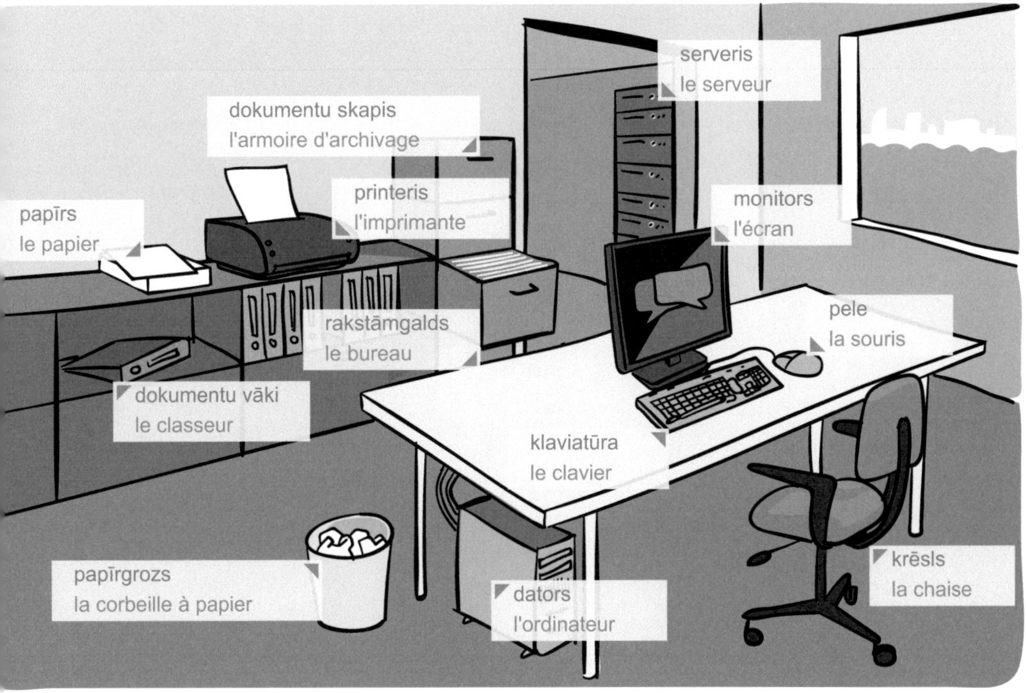

serveris
le serveur

dokumentu skapis
l'armoire d'archivage

printeris
l'imprimante

monitors
l'écran

papīrs
le papier

rakstāmgalds
le bureau

pele
la souris

dokumentu vāki
le classeur

klaviatūra
le clavier

papīrgrozs
la corbeille à papier

dators
l'ordinateur

krēsls
la chaise

kafijas krūze

la tasse de café

kalkulators

la calculatrice

internets

l'internet

portatīvais dators

l'ordinateur portable

vēstule

la lettre

ziņa

le message

mobilais tālrunis

le portable

tīkls

le réseau

kopētājs

la photocopieuse

programmatūra

le logiciel

telefons

le téléphone

rozete

la prise

faksa aparāts

le fax

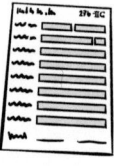

formulārs

le formulaire

dokuments

le document

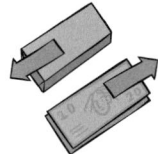

pirkt

acheter

samaksāt

payer

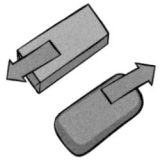

tirgot

faire du commerce

nauda

la monnaie

 **USD**

dolārs

le dollar

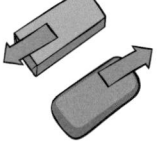 **EUR**

eiro

l'euro

 **JPY**

jēna

le yen

 **RUB**

rublis

le rouble

 CHF

franks

le franc suisse

 **CNY**

juaņa renminbi

le renminbi yuan

 **INR**

rūpija

la roupie

bankomāts

le distributeur automatique

valūtas maiņas punkts

le bureau de change

zelts

l'or

sudrabs

l'argent

nafta

le pétrole

enerģija

l'énergie

cena

le prix

līgums

le contrat

nodoklis

la taxe

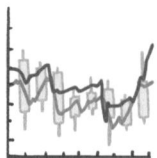

akcija

l'action

strādāt

travailler

darbinieks

l'employé

darba devējs

l'employeur

fabrika

l'usine

veikals

le magasin

profesijas
les professions

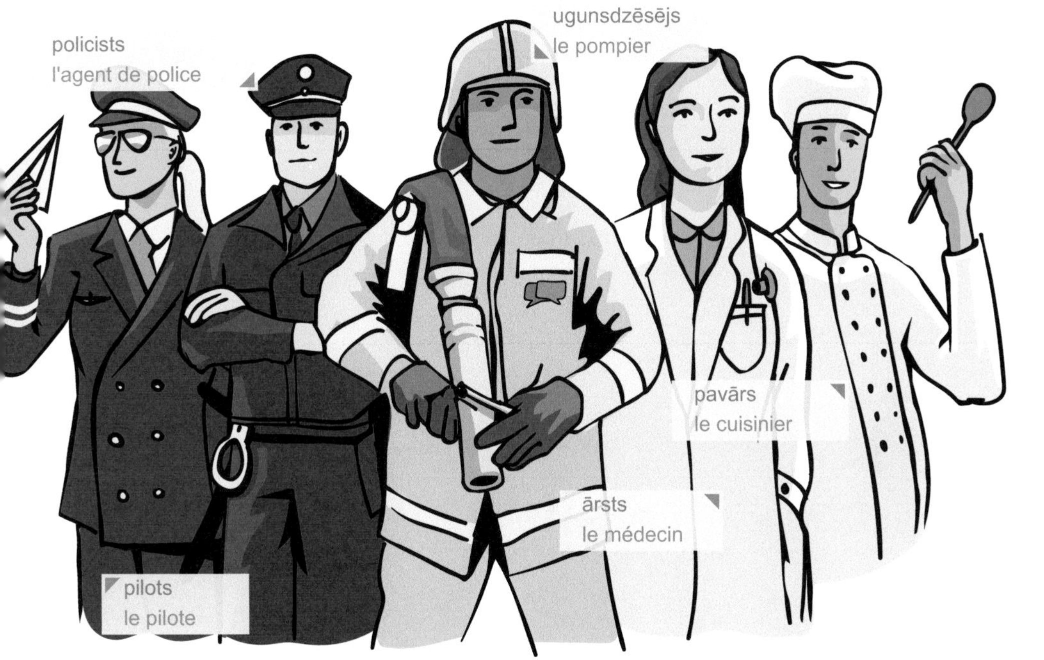

policists
l'agent de police
ugunsdzēsējs
le pompier
pavārs
le cuisinier
ārsts
le médecin
pilots
le pilote

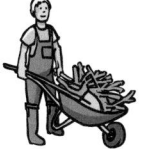

dārznieks

le jardinier

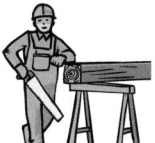

galdnieks

le menuisier

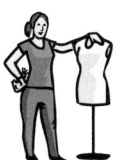

šuvēja

la couturière

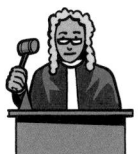

tiesnesis

le juge

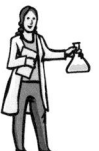

ķīmiķis

le chimiste

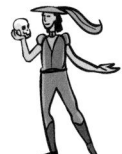

aktieris

l'acteur

autobusa vadītājs

le conducteur de bus

taksometra vadītājs

le chauffeur de taxi

zvejnieks

le pêcheur

apkopēja

la femme de ménage

jumiķis

le couvreur

viesmīlis

le serveur

gleznotājs

le peintre

mednieks

le chasseur

maiznieks

le boulanger

elektriķis

l'électricien

celtnieks

l'ouvrier

inženieris

l'ingénieur

miesnieks

le boucher

skārdnieks

le plombier

pastnieks

le facteur

karavīrs

le soldat

arhitekts

l'architecte

kasieris

le caissier

florists

le fleuriste

frizieris

le coiffeur

konduktors

le contrôleur

mehāniķis

le mécanicien

kapteinis

le capitaine

zobārsts

le dentiste

zinātnieks

le scientifique

rabīns

le rabbin

imāms

l'imam

mūks

le moine

mācītājs

le prêtre

instrumenti

les outils

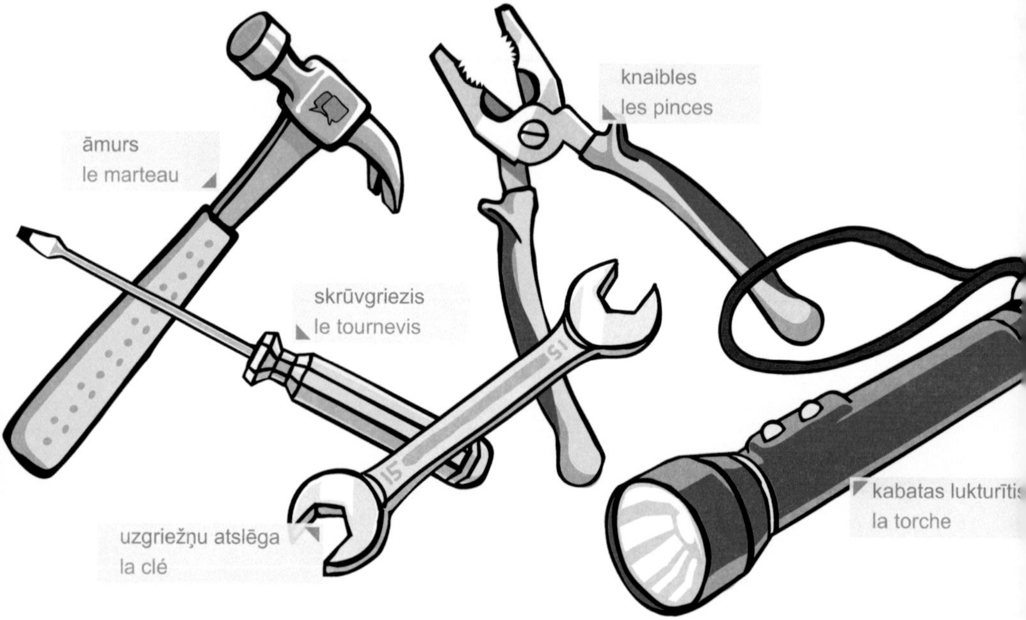

āmurs
le marteau
knaibles
les pinces
skrūvgriezis
le tournevis
uzgriežņu atslēga
la clé
kabatas lukturīti
la torche

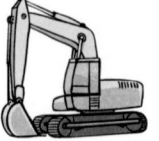

ekskavators

la pelleteuse

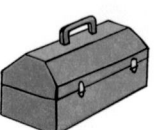

instrumentu kaste

la boîte à outils

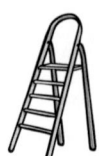

kāpnes

l'échelle

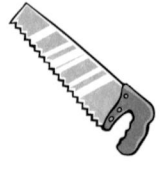

zāģis

la scie

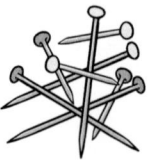

naglas

les clous

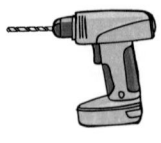

urbis

la perceuse

remontēt

réparer

lāpsta

la pelle

Velns!

Mince !

liekšķere

la pelle

krāsas bundža

le pot de peinture

skrūves

les vis

mūzikas instrumenti
les instruments de musique

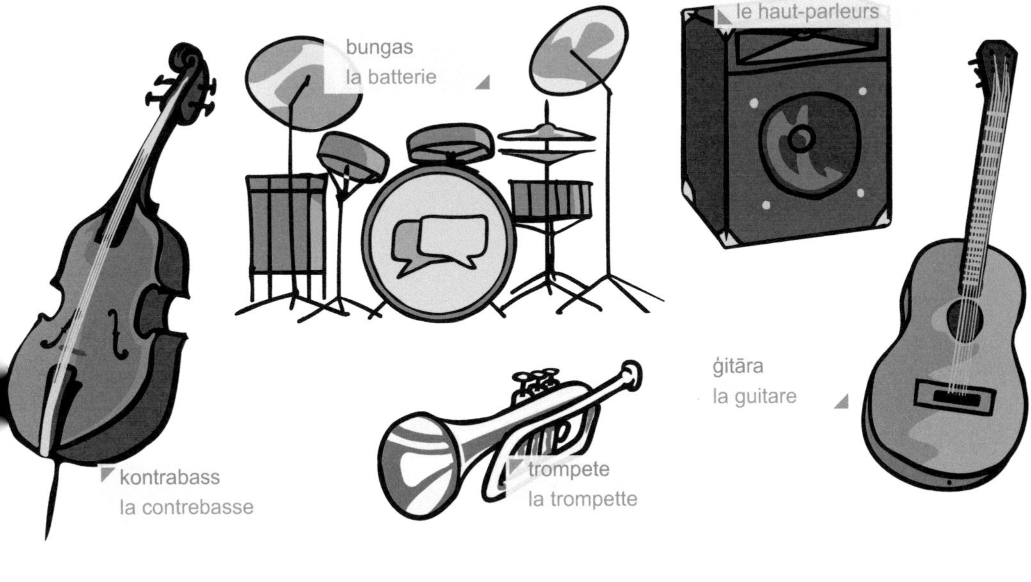

skaļrunis
le haut-parleurs

bungas
la batterie

ġitāra
la guitare

kontrabass
la contrebasse

trompete
la trompette

klavieres

le piano

vijole

le violon

bass

la basse

timpāni

les timbales

bungas

le tambour

digitālās klavieres

le piano électrique

saksofons

le saxophone

flauta

la flûte

mikrofons

le microphone

zooloģiskais dārzs
le zoo

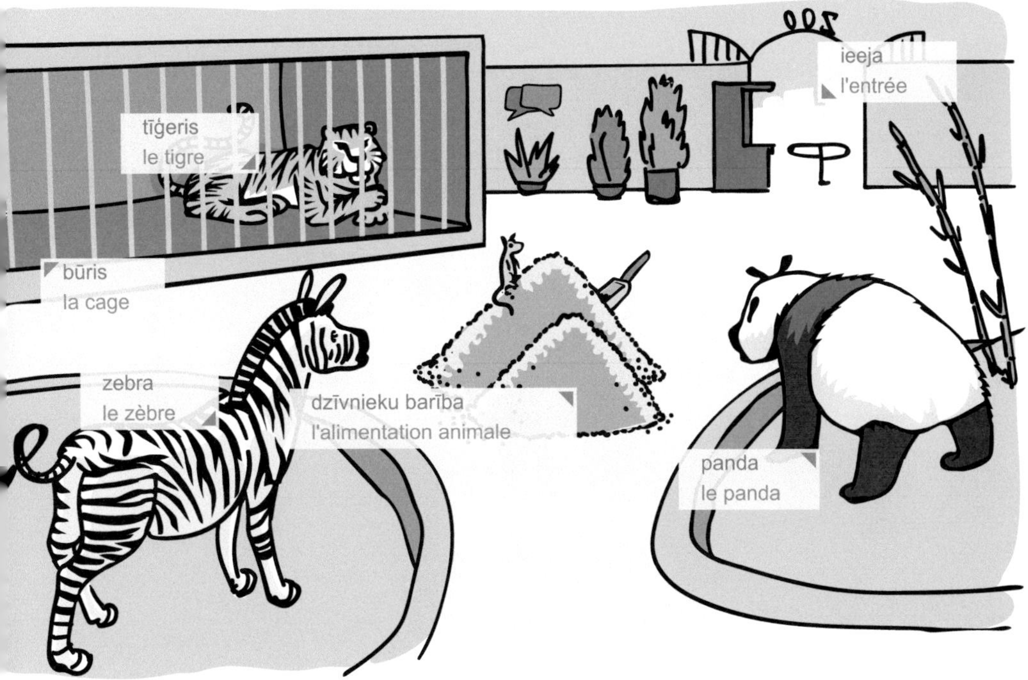

tīģeris
le tigre
ieeja
l'entrée
būris
la cage
zebra
le zèbre
dzīvnieku barība
l'alimentation animale
panda
le panda

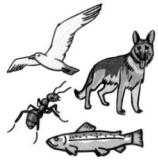

dzīvnieki

les animaux

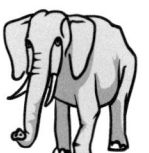

zilonis

l'éléphant

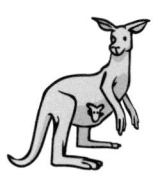

ķengurs

le kangourou

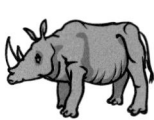

degunradzis

le rhinocéros

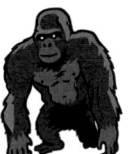

gorilla

le gorille

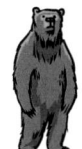

lācis

l'ours

kamielis

le chameau

strauss

l'autruche

lauva

le lion

pērtiķis

le singe

flamings

le flamand rose

papagailis

le perroquet

polārlācis

l'ours polaire

pingvīns

le pingouin

haizivs

le requin

pāvs

le paon

čūska

le serpent

krokodils

le crocodile

zoodārza sargs

le gardien de zoo

ronis

le phoque

jaguārs

le jaguar

ponijs

le poney

leopards

le léopard

nīlzirgs

l'hippopotame

žirafe

la girafe

ērglis

l'aigle

meža cūka

le sanglier

zivs

le poisson

bruņurupucis

la tortue

valzirgs

le morse

lapsa

le renard

gazele

la gazelle

amerikāņu futbols
l'american Football

riteņbraukšana
le cyclisme

teniss
le tennis

basketbols
le basket-ball

peldēšana
la natation

hokejs
le hockey sur glace

bokss
la boxe

futbols
le football

badmintons
le badminton

vieglatlētika
l'athlétisme

rokas bumba
le handball

slēpošana
le ski

polo
le polo

smieties
rire

lēkt
sauter

apskaut
embrasser

iet
marcher

dziedāt
chanter

sapņot
rêver

lūgt
prier

skūpstīt
faire la bise

rakstīt	zīmēt	rādīt
écrire	dessiner	montrer

spiest	dot	ņemt
pousser	donner	prendre

būt

avoir

darīt

faire

būt

être

stāvēt

être debout

skriet

courir

vilkt

trier

mest

jeter

krist

tomber

gulēt

être couché

gaidīt

attendre

nest

porter

sēdēt

être assis

uzģērbt

s'habiller

gulēt

dormir

pamosties

se réveiller

skatīties

regarder

raudāt

pleurer

glāstīt

caresser

ķemmēt

peigner

runāt

parler

saprast

comprendre

jautāt

demander

dzirdēt

écouter

dzert

boire

ēst

manger

sakārtot

ranger

mīlēt

aimer

vārīt

cuire

braukt

conduire

lidot

voler

burot

faire de la voile

rēķināt

calculer

lasīt

lire

mācīties

apprendre

strādāt

travailler

precēties

se marier

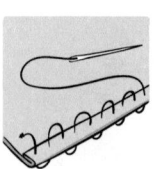

šūt

coudre

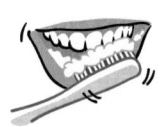

tīrīt zobus

brosser les dents

nogalināt

tuer

smēķēt

fumer

sūtīt

envoyer

vecāmāte
la grand-mère

vectēvs
le grand-père

tēvs
le père

māte
la mère

mazulis
le bébé

meita
la fille

dēls
le fils

viesis

l'hôte

tante

la tante

onkulis

l'oncle

brālis

le frère

māsa

la sœur

ķermenis

le corps

piere
le front
acs
l'œil
plecs
l'épaule
pirksts
le doigt
seja
le visage
zods
le menton
roka
la main
kāja
la jambe
krūtis
la poitrine
roka
le bras

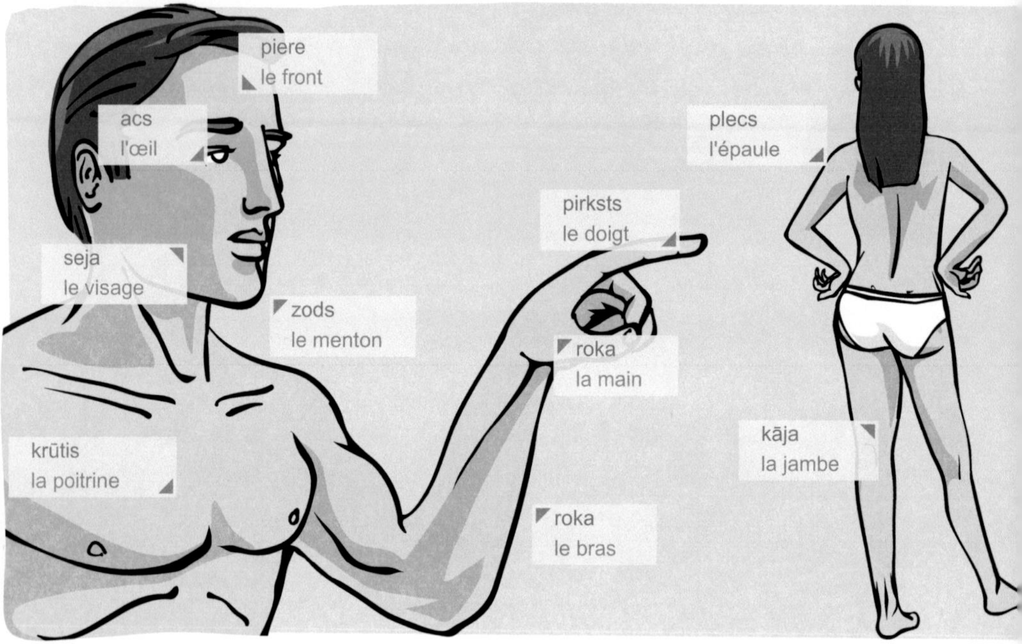

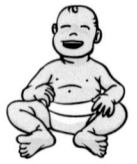

mazulis

le bébé

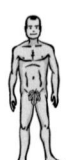

vīrietis

l'homme

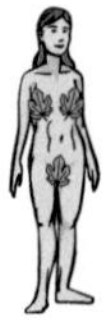

sieviete

la femme

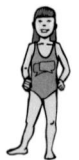

meitene

la fille

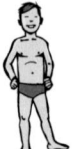

zēns

le garçon

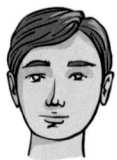

galva

la tête

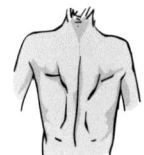

mugura

le dos

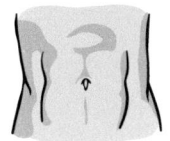

vēders

le ventre

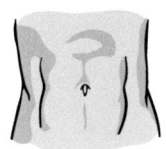

naba

le nombril

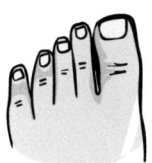

kājas pirksts

l'orteil

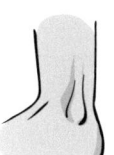

papēdis

le talon

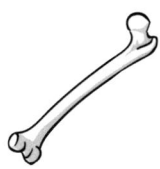

kauls

l'os

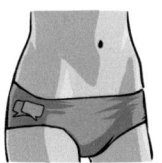

gurns

la hanche

celis

le genou

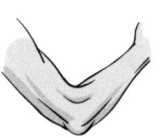

elkonis

le coude

deguns

le nez

dibens

les fesses

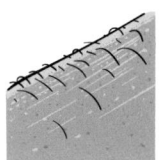

āda

la peau

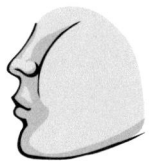

vaigs

la joue

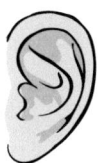

auss

l'oreille

lūpa

la lèvre

mute
la bouche

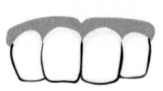

zobs
la dent

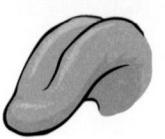

mēle
la langue

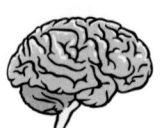

smadzenes
le cerveau

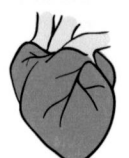

sirds
le cœur

muskulis
le muscle

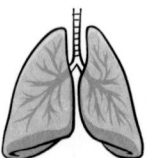

plaušas
les poumons

aknas
le foie

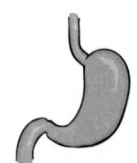

kuņģis
l'estomac

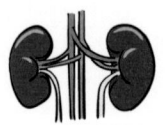

nieres
les reins

dzimumakts
le rapport sexuel

kondoms
le préservatif

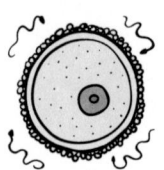

olšūna
l'ovule

sperma
le sperme

grūtniecība
la grossesse

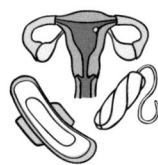

menstruācijas
....
la menstruation

vagīna
....
le vagin

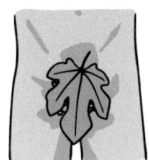

penis
....
le pénis

uzacs
....
le sourcil

mati
....
les cheveux

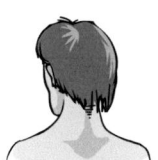

kakls
....
le cou

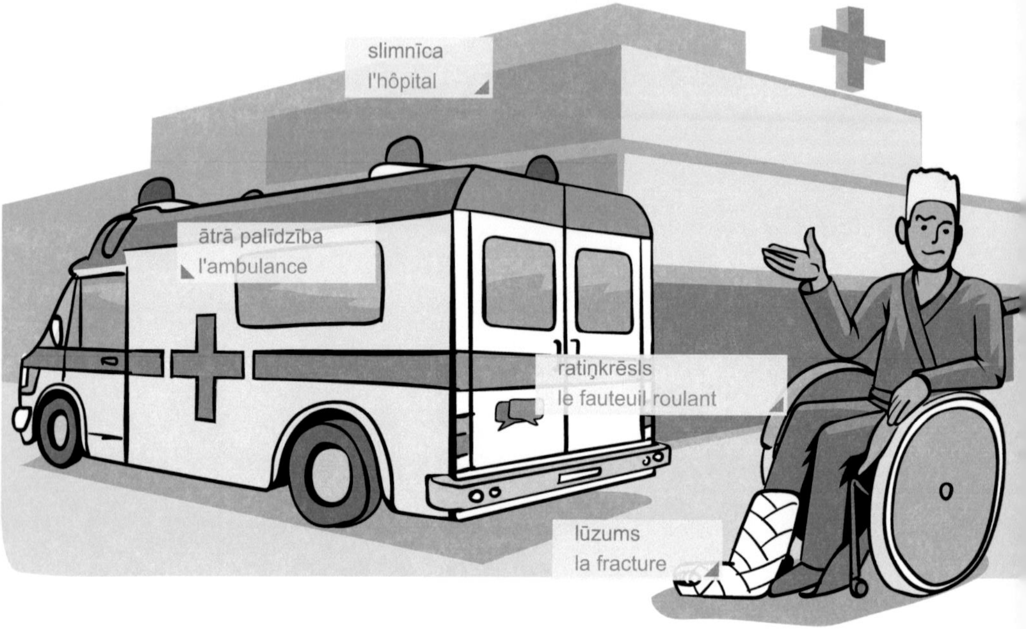

slimnīca
l'hôpital

ātrā palīdzība
l'ambulance

ratiņkrēsls
le fauteuil roulant

lūzums
la fracture

ārsts

le médecin

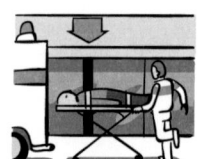

neatliekamās palīdzības
nodaļa

le service des urgences

medmāsa

l'infirmière

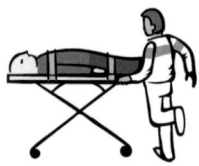

ārkārtas gadījums

l'urgence

paģībis

inconscient

sāpes

la douleur

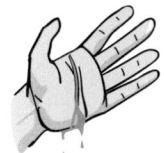

ievainojums

la blessure

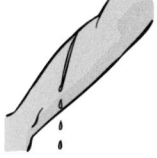

asiņošana

l'hémorragie

sirdslēkme

la crise cardiaque

insults

l'attaque cérébrale

alerģija

l'allergie

klepus

la toux

temperatūra

la fièvre

gripa

la grippe

caureja

la diarrhée

galvassāpes

le mal de tête

vēzis

le cancer

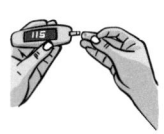

diabēts

le diabète

ķirurgs

le chirurgien

skalpelis

le scalpel

operācija

l'opération

datortomogrāfija

le CT

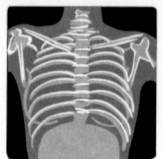

rentgents

la radiographie

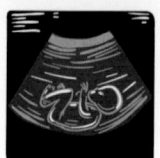

ultraskaņa

l'échographie

sejas maska

le masque

slimība

la maladie

uzgaidāmā telpa

la salle d'attente

kruķis

la béquille

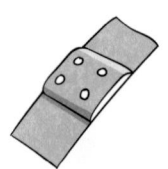

plāksteris

le pansement

apsējs

le pansement

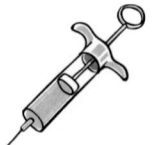

injekcija

l'injection

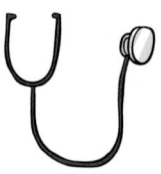

stetoskops

le stéthoscope

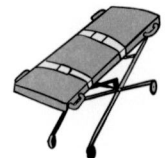

nestuves

le brancard

termometrs

le thermomètre

dzemdības

l'accouchement

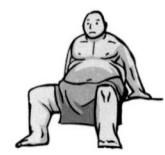

liekais svars

la surcharge pondérale

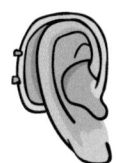

dzirdes aparāts

l'appareil auditif

dezinfekcijas līdzeklis

le désinfectant

infekcija

l'infection

vīruss

le virus

HIV / AIDS

le VIH / le sida

zāles

le médicament

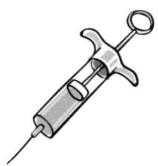

pote

la vaccination

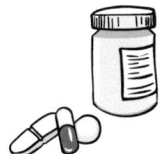

tabletes

les comprimés

pretapaugļošanās tablete

la pilule

ārkārtas izsaukums

l'appel d'urgence

asinsspiediena mērītājs

le tensiomètre

slims / vesels

malade / sain

Palīgā!

Au secours !

trauksme

l'alarme

uzbrukums

l'assaut

uzbrukums

l'attaque

bīstamība

le danger

avārijas izeja

la sortie de secours

Uguns!

Au feu!

ugunsdzēšamais aparāts

l'extincteur

negadījums

l'accident

pirmās palīdzības aptieciņa

la trousse de premier
secours

SOS

SOS

policija

la police

Eiropa

l'Europe

Ziemeļamerika

l'Amérique du Nord

Dienvidamerika

l'Amérique du Sud

Āfrika

l'Afrique

Āzija

l'Asie

Austrālija

l'Australie

Atlantijas okeāns

l'Océan atlantique

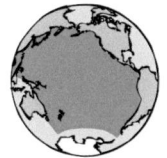

Klusais okeāns

l'Océan pacifique

Indijas okeāns

l'Océan indien

Dienvidu okeāns

l'Océan antarctique

Ziemeļu ledus okeāns

l'Océan arctique

Ziemeļpols

le Pôle nord

Dienvidpols

le Pôle sud

Antarktika

l'Antarctique

zeme

la terre

zeme

le pays

jūra

la mer

sala

l'île

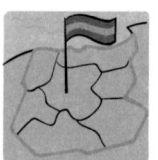

nācija

la nation

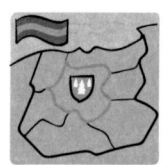

valsts

l'état

ciparnīca

le cadran

stundu rādītājs

l'aiguille des heures

minūšu rādītājs

l'aiguille des minutes

sekunžu rādītājs

l'aiguille des secondes

Cik ir pulkstenis?

Quelle heure est-il ?

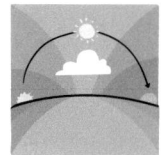

diena

le jour

laiks

le temps

tagad

maintenant

digitālais pulkstenis

la montre digitale

minūte

la minute

stunda

l'heure

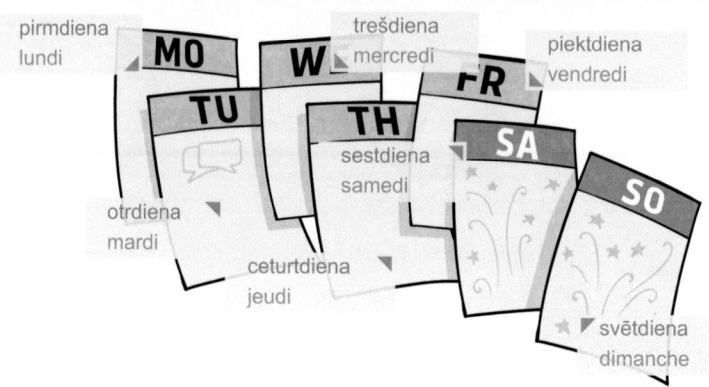

pirmdiena
lundi

trešdiena
mercredi

piektdiena
vendredi

otrdiena
mardi

ceturtdiena
jeudi

sestdiena
samedi

svētdiena
dimanche

vakardien

hier

šodien

aujourd'hui

rītdien

demain

rīts

le matin

pusdienlaiks

le midi

vakars

le soir

darbadienas

les jours ouvrables

brīvdienas

le week-end

lietus
la pluie

varavīksne
l'arc-en-ciel

sniegs
la neige

vējš
le vent

pavasaris
le printemps

rudens
l'automne

vasara
l'été

ziema
l'hiver

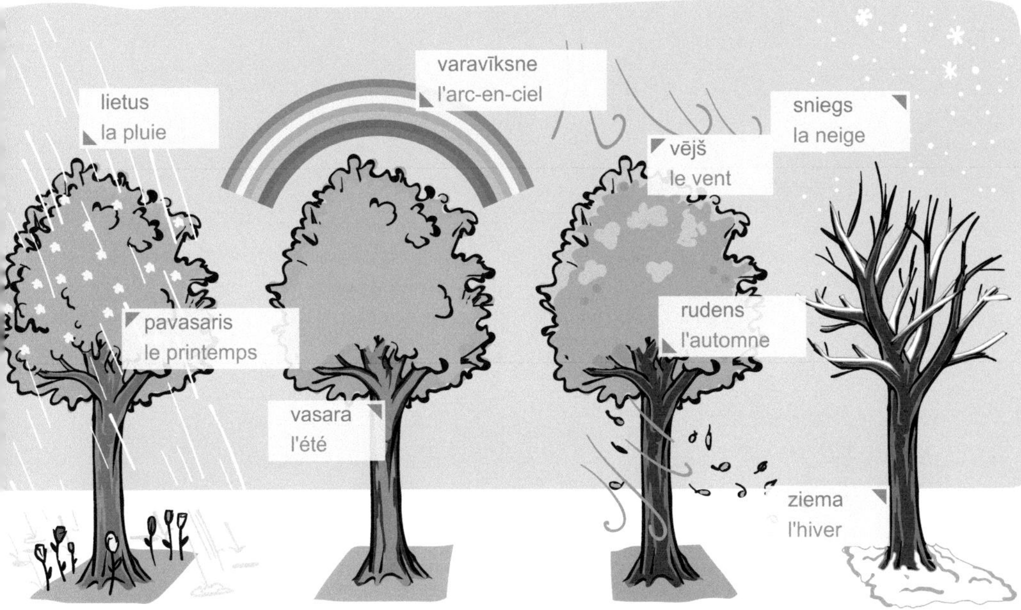

laika prognoze

la météo

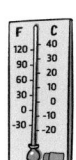

termometrs

le thermomètre

saules gaisma

la lumière du soleil

mākonis

le nuage

migla

le brouillard

gaisa mitrums

l'humidité

zibens

la foudre

pērkons

la tonnerre

vētra

la tempête

krusa

la grêle

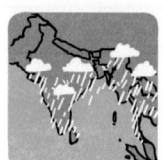

musons

la mousson

plūdi

l'inondation

ledus

la glace

janvāris

janvier

februāris

février

marts

mars

aprīlis

avril

maijs

mai

jūnijs

juin

jūlijs

juillet

augusts

août

septembris
·····················
septembre

oktobris
·····················
octobre

novembris
·····················
novembre

decembris
·····················
décembre

aplis
·····················
le cercle

kvadrāts
·····················
le carré

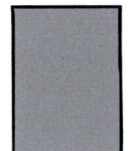

četrstūris
·····················
le rectangle

trīsstūris
·····················
le triangle

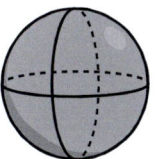

lode
·····················
la sphère

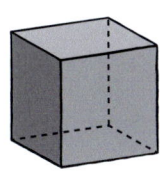

kubs
·····················
le cube

balts
blanc

dzeltens
jaune

oranžs
orange

sārts
rose

sarkans
rouge

lillā
violet

zils
bleu

zaļš
vert

brūns
marron

pelēks
gris

melns
noir

daudz / maz

beaucoup / peu

saniknots / miermīlīgs

fâché / calme

skaists / neglīts

joli / laid

sākums / beigas

le début / la fin

liels / mazs

grand / petit

gaišs / tumšs

clair / obscure

brālis / māsa

frère / soeur

tīrs / netīrs

propre / sale

pilnīgs / nepilnīgs

complet / incomplet

diena / nakts

le jour / la nuit

miris / dzīvs

mort / vivant

plats / šaurs

large / étroit

baudāms / nebaudāms

comestible / incomestible

nikns / laipns

méchant / gentil

satraukts / garlaikots

excité / ennuyé

resns / tievs

gros / mince

pirmais /pēdējais

le premier / le dernier

draugs / ienaidnieks

l'ami / l'ennemi

pilns / tukšs

plein / vide

ciets / mīksts

dur / souple

smags / viegls

lourd / léger

izsalkums / slāpes

faim / soif

slims / vesels

malade / sain

nelegāls / legāls

illégal / légal

inteliģents / dumjš

intelligent / stupide

kreisais / labais

gauche / droite

tuvu / tālu

proche / loin

jauns / lietots

nouveau / usé

nekas / kaut kas

rien / quelque chose

vecs / jauns

vieux / jeune

ieslēgts / izslēgts

marche / arrêt

atvērts / slēgts

ouvert / fermé

kluss / skaļš

faible / fort

bagāts / nabags

riche / pauvre

pareizi / nepareizi

correct / incorrect

raupjš / gluds

rugueux / lisse

noskumis / laimīgs

triste / heureux

īss / garš

court / long

lēns / ātrs

lent / rapide

slapjš / sauss

mouillé / sec

silts / vēss

chaud / froid

karš / miers

la guerre / la paix

0

nulle

zéro

1

viens

un / une

2

divi

deux

3

trīs

trois

4

četri

quatre

5

pieci

cinq

6

seši

six

7

septiņi

sept

8

astoņi

huit

9

deviņi

neuf

10

desmit

dix

11

vienpadsmit

onze

12	**13**	**14**
divpadsmit	trīspadsmit	četrpadsmit
douze	treize	quatorze

15	**16**	**17**
piecpadsmit	sešpadsmit	septiņpadsmit
quinze	seize	dix-sept

18	**19**	**20**
astoņpadsmit	deviņpadsmit	divdesmit
dix-huit	dix-neuf	vingt

100	**1.000**	**1.000.000**
simts	tūkstotis	miljons
cent	mille	le million

Valodas
les langues

anglu
l'anglais

amerikāņu anglu
l'anglais américain

ķīniešu mandarīnu valoda
le chinois mandarin

hindi
le hindi

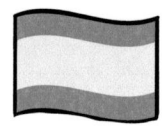

spāņu
l'espagnol

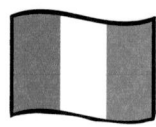

franču
le français

arābu
l'arabe

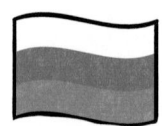

krievu
le russe

portugāļu
le portugais

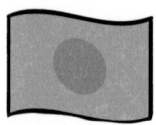

bengāļu
le bengali

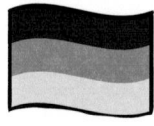

vācu
l'allemand

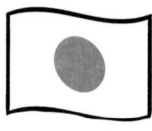

japāņu
le japonais

es
je

tu
tu

viņš / viņa
il / elle / ce, c', cela

mēs
nous

jūs
vous

viņi / viņas
ils / elles

kas?
Qui ?

ko?
Quoi ?

kā?
Comment ?

kur?
Où ?

kad?
Quand ?

vārds
le nom

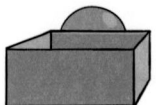

aiz

derrière

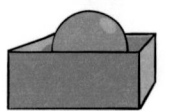

iekšā

dans

priekšā

devant

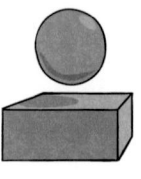

virs

au-dessus

uz

sur

zem

en-dessous

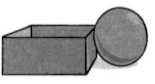

blakus

à côté de

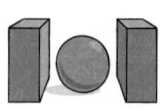

starp

entre

vieta

le lieu